LERNSPIELE

MEGASPASS FÜR KIDS
AB 6 JAHREN

NFV

Was gehört zusammen? Verbinde die richtigen Paare.

Malen nach Zahlen. Male die Felder in den richtigen Farben aus.

Welcher Schatten passt dazu? Kreuze den richtigen an.

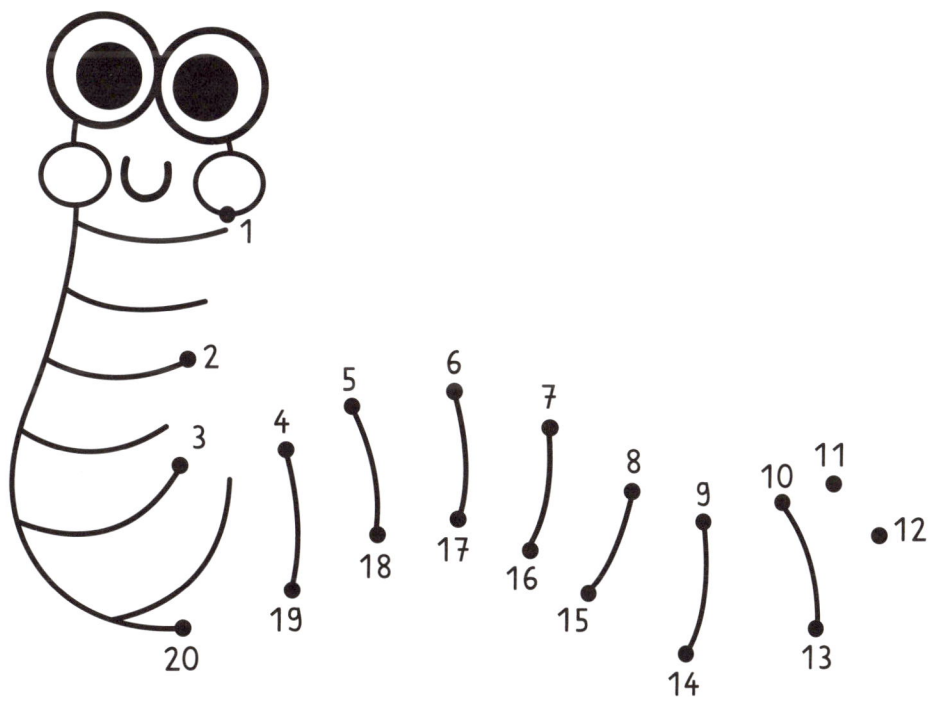

Verbinde die Zahlen der Reihe nach.

Was gehört zusammen? Verbinde die richtigen Paare.

Fahre die gestrichelten Linien mit deinem Stift nach.

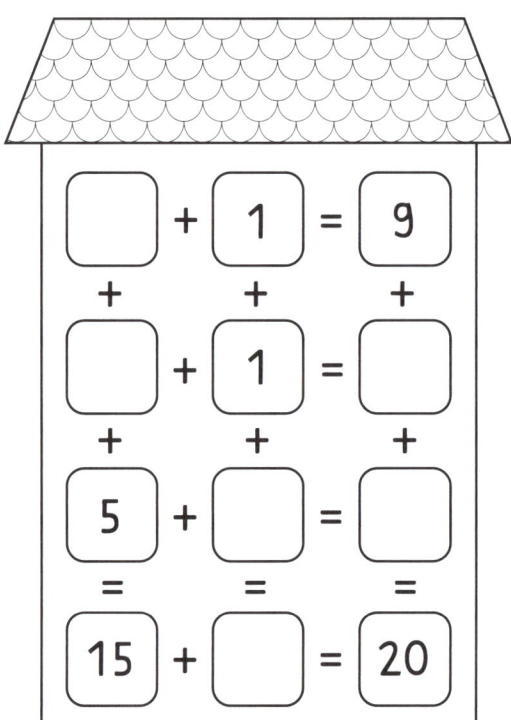

☐	+	1	=	9
+		+		+
☐	+	1	=	☐
+		+		+
5	+	☐	=	☐
=		=		=
15	+	☐	=	20

Wie gut kannst du rechnen? Löse die Rechenaufgaben.

4

Wie gut kannst du zählen? Kreise die richtige Menge ein.

Wie geht es weiter? Vervollständige die Reihe in den richtigen Farben.

Was passt hier nicht dazu? Streiche die 3 falschen Gegenstände durch.

	4 5 6 1 7 2
	2 3 7 5 8 4
	3 4 5 6 1 9

Wie viele Tiere siehst du? Kreise die richtige Zahl ein.

Ran an die Farben! Male das Bild bunt aus.

Was gehört zusammen? Verbinde die richtigen Paare.

Malen nach Zahlen. Male die Felder in den richtigen Farben aus.

Kannst du alle 10 Fehler finden? Unten kannst du ankreuzen, wie viele du schon gefunden hast.

10 Fehler ◯ ◯ ◯ ◯ ◯ ◯ ◯ ◯ ◯ ◯

Die Rakete möchte nach Hause. Auf welchem Planeten wird sie landen?

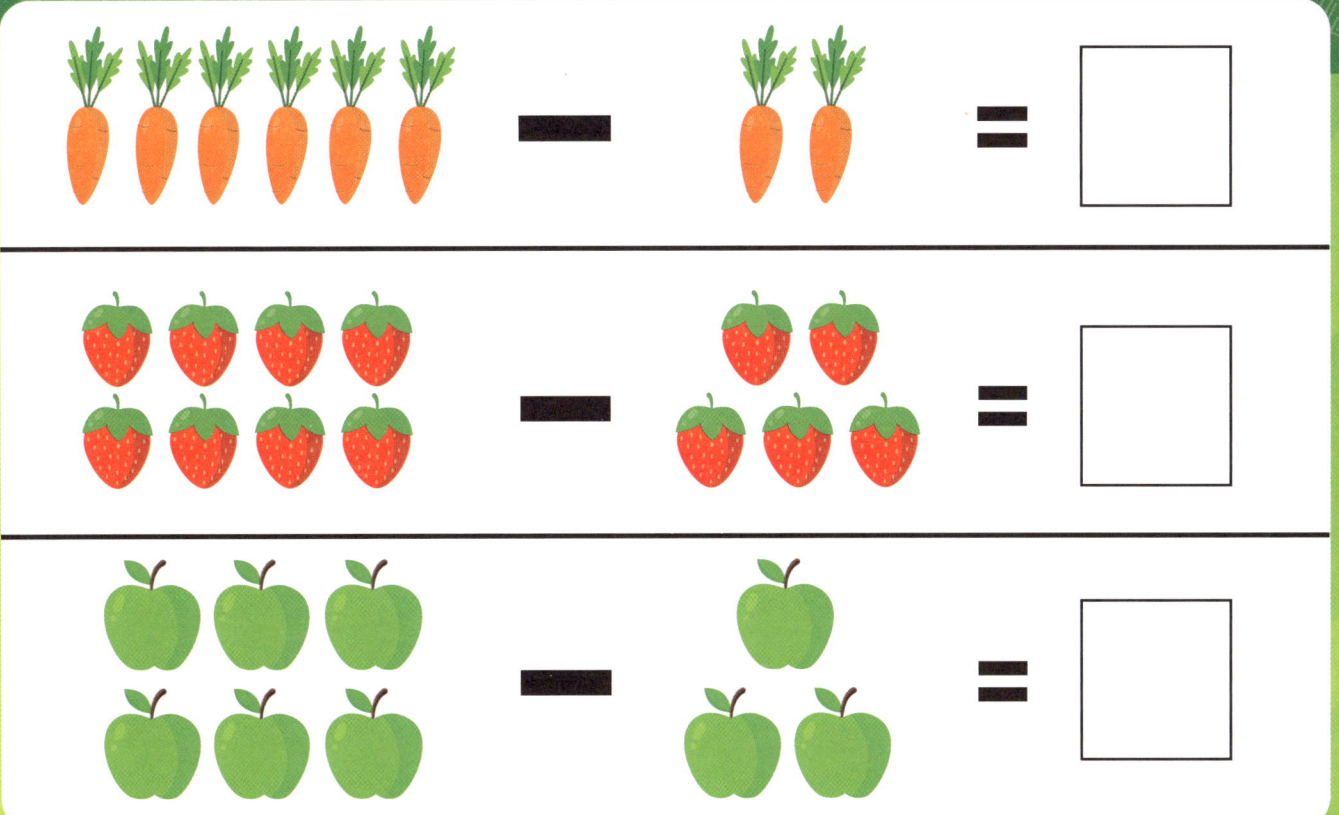

Wie gut kannst du rechnen? Löse die Rechenaufgaben.

Wie gut kannst du zählen? Kreise die richtige Menge ein.

Kannst du alle 10 Fehler finden? Unten kannst du ankreuzen, wie viele du schon gefunden hast.

10 Fehler ○ ○ ○ ○ ○ ○ ○ ○ ○ ○

Welcher Schatten passt dazu? Kreuze den richtigen an.

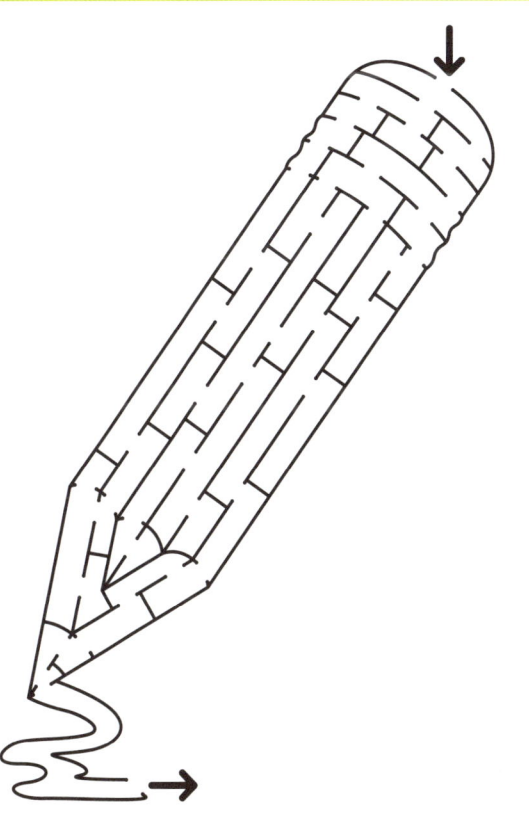

Kannst du den Weg durch das Labyrinth finden? Zeichne den Weg ein.

Ran an die Farben! Male das Bild bunt aus.

Ran an die Farben! Male das Bild bunt aus.

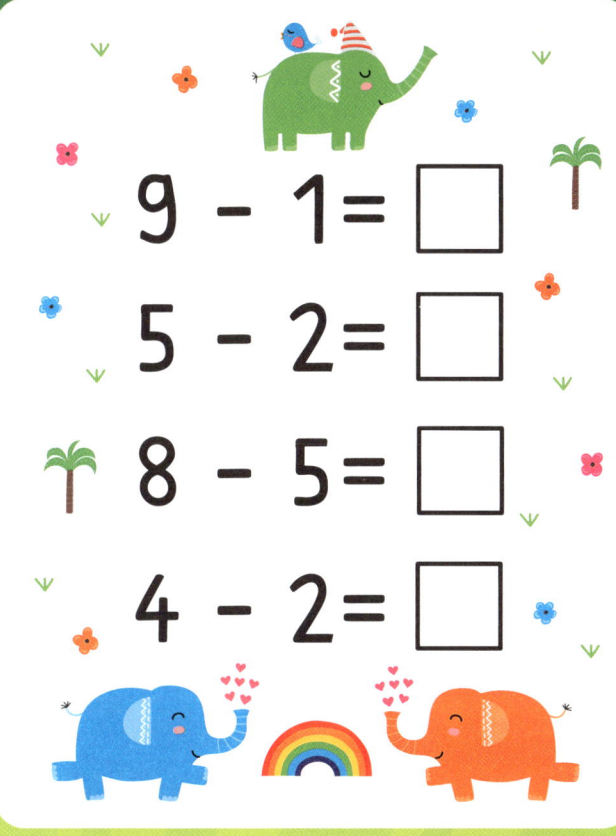

$9 - 1 =$ ☐

$5 - 2 =$ ☐

$8 - 5 =$ ☐

$4 - 2 =$ ☐

Wie gut kannst du rechnen? Löse die Rechenaufgaben.

Vervollständige das Bild.

Wie gut kannst du zählen? Kreise die richtige Menge ein.

	# 3 6 2 5 1 4
	# 5 2 6 4 8 3
	# 9 4 2 7 5 3

Wie viele Tiere siehst du? Kreise die richtige Zahl ein.

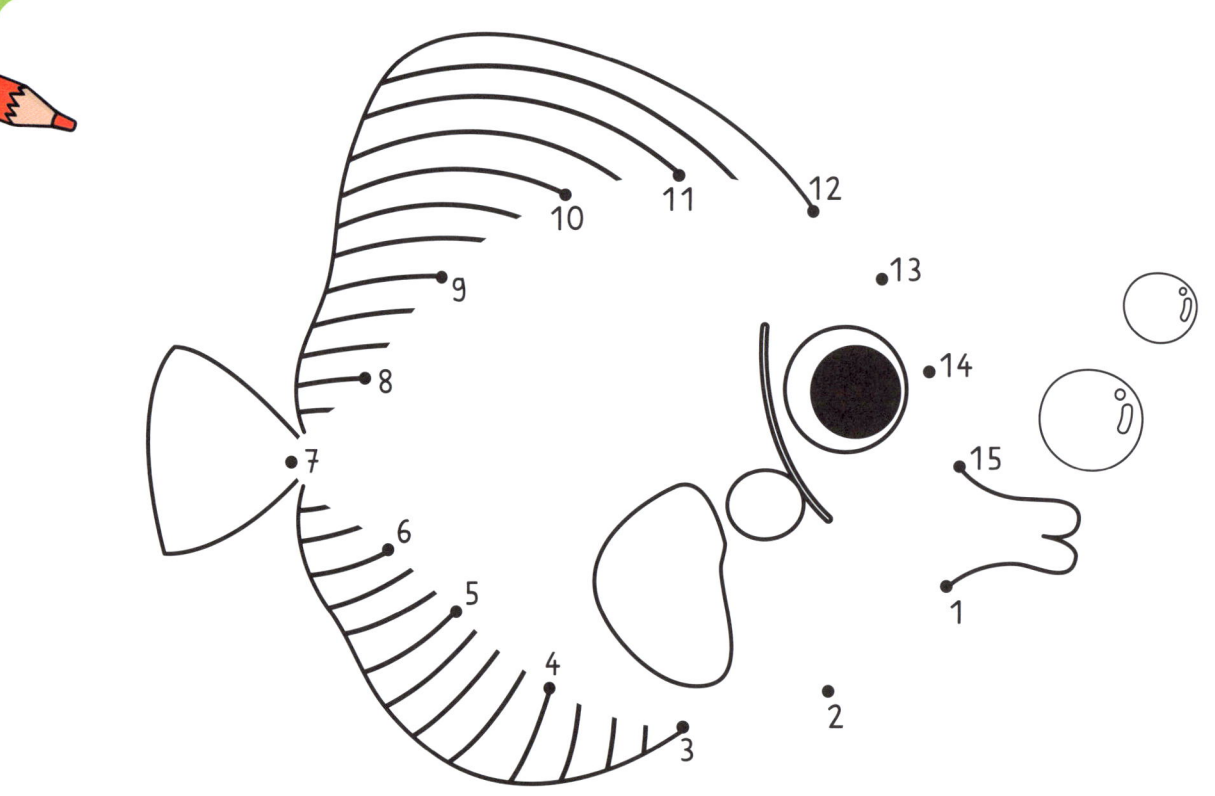

Verbinde die Zahlen der Reihe nach.

Kannst du alle 10 Fehler finden? Unten kannst du ankreuzen, wie viele du schon gefunden hast.

10 Fehler ◯ ◯ ◯ ◯ ◯ ◯ ◯ ◯ ◯ ◯

Was passt hier nicht dazu? Streiche die 3 falschen Gegenstände durch.

Fahre die gestrichelten Linien mit deinem Stift nach.

Malen nach Zahlen. Male die Felder in den richtigen Farben aus.

Kannst du den Weg durch das Labyrinth finden? Zeichne den Weg ein.

Was gehört zusammen? Verbinde die richtigen Paare.

3

Wie gut kannst du zählen? Kreise die richtige Menge ein.

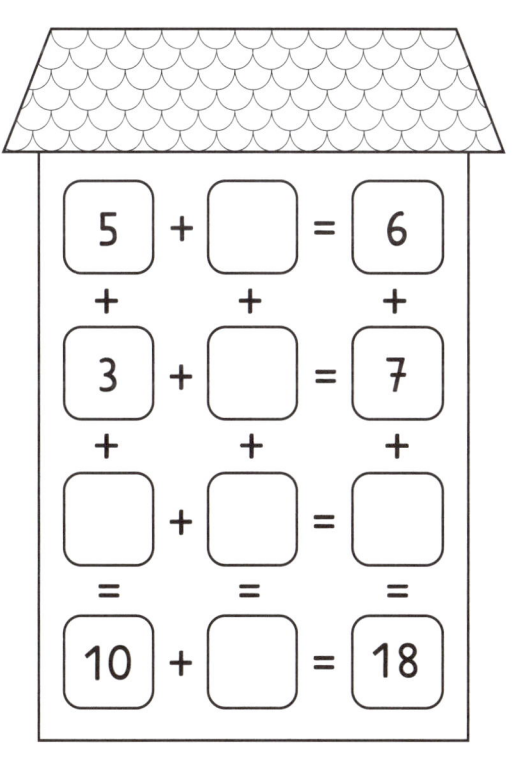

Wie gut kannst du rechnen? Löse die Rechenaufgaben.

$5 + \boxed{} = 6$
$3 + \boxed{} = 7$
$\boxed{} + \boxed{} = \boxed{}$
$10 + \boxed{} = 18$

Ran an die Farben! Male das Bild bunt aus.

Ran an die Farben! Male das Bild bunt aus.

Vervollständige das Bild.

$1 + 1 =$ ☐
$2 + 4 =$ ☐
$4 + 3 =$ ☐
$6 + 3 =$ ☐

Wie gut kannst du rechnen? Löse die Rechenaufgaben.

Bringe das Ufo zu seinem Heimatplaneten. Zeichne den richtigen Weg ein.

Was passt hier nicht dazu? Streiche die 3 falschen Gegenstände durch.

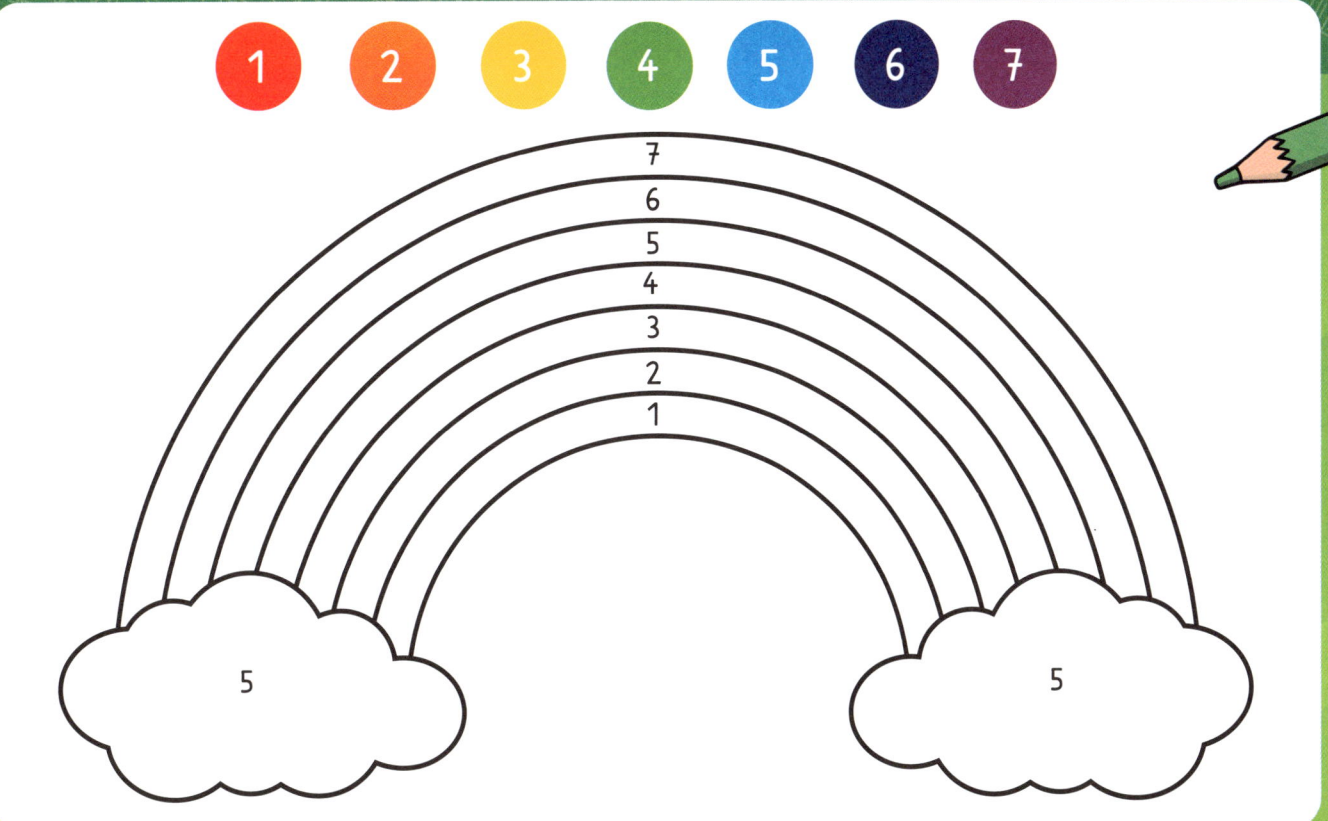

Malen nach Zahlen. Male die Felder in den richtigen Farben aus.

Welcher Schatten passt dazu? Kreuze den richtigen an.

Fahre die gestrichelten Linien mit deinem Stift nach.

Was gehört zusammen? Verbinde die richtigen Paare.

Bringe den Dino zu seinem Baby. Zeichne den richtigen Weg ein.

5

Wie gut kannst du zählen? Kreise die richtige Menge ein.

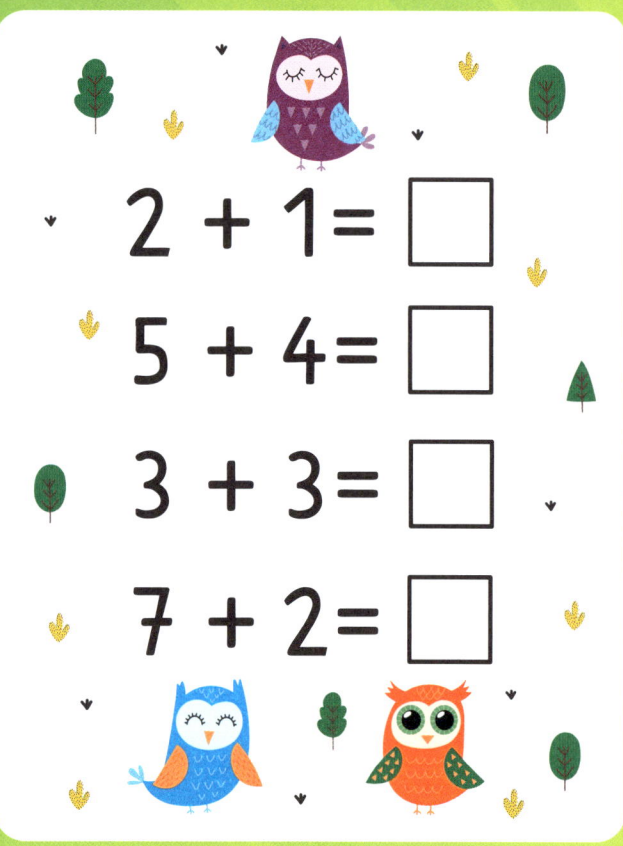

2 + 1 = ☐

5 + 4 = ☐

3 + 3 = ☐

7 + 2 = ☐

Wie gut kannst du rechnen? Löse die Rechenaufgaben.

Ran an die Farben! Male das Bild bunt aus.

Verbinde die Zahlen der Reihe nach.

Fahre die gestrichelten Linien mit deinem Stift nach.

Ran an die Farben! Male das Bild bunt aus.

Kannst du alle 10 Fehler finden? Unten kannst du ankreuzen, wie viele du schon gefunden hast.

10 Fehler ◯ ◯ ◯ ◯ ◯ ◯ ◯ ◯ ◯ ◯

Welcher Schatten passt dazu? Kreuze den richtigen an.

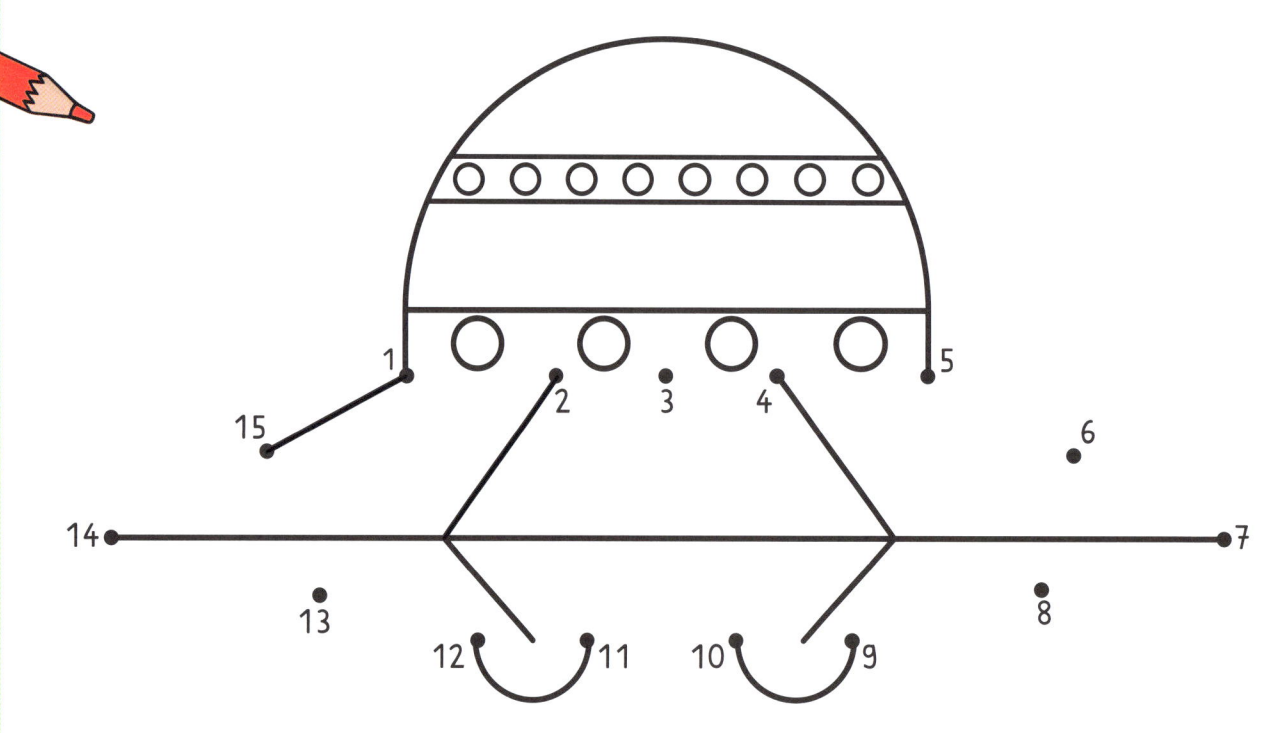

Verbinde die Zahlen der Reihe nach.

Malen nach Zahlen. Male die Felder in den richtigen Farben aus.

Wie viele Tiere siehst du? Kreise die richtige Zahl ein.

Was gehört zusammen? Verbinde die richtigen Paare.

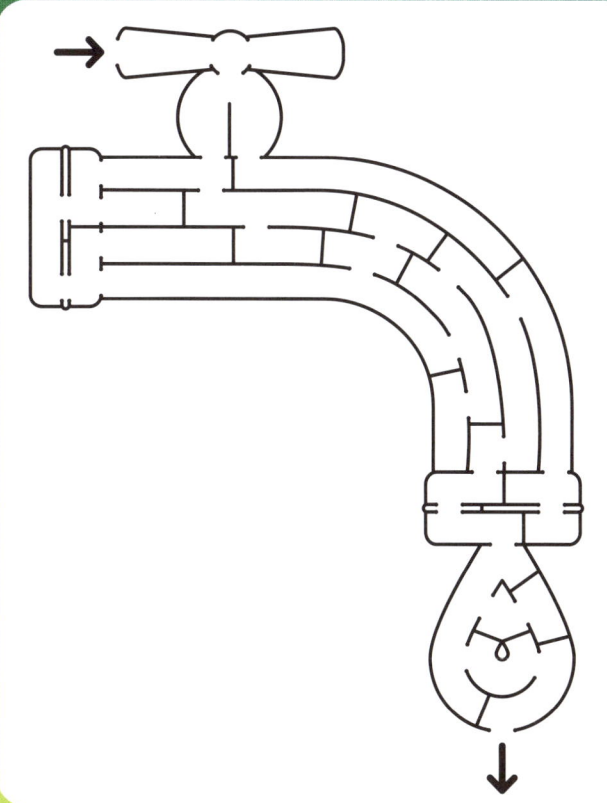

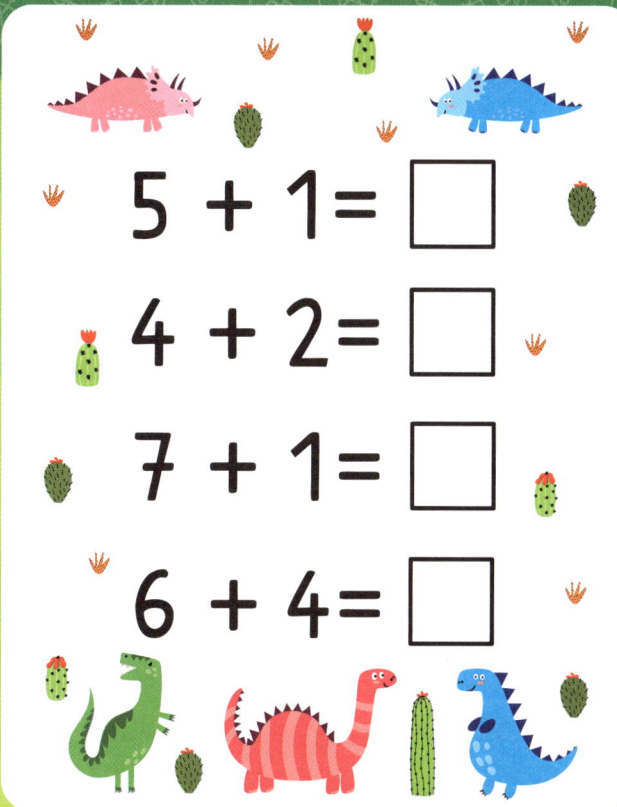

$$5 + 1 = \square$$

$$4 + 2 = \square$$

$$7 + 1 = \square$$

$$6 + 4 = \square$$

Kannst du den Weg durch das Labyrinth finden? Zeichne den Weg ein.

Wie gut kannst du rechnen? Löse die Rechenaufgaben.

Fahre die gestrichelten Linien mit deinem Stift nach.

Das Eichhörnchen hat Hunger. Bringe es zu den Pilzen und zeichne den richtigen Weg ein.

Welcher Schatten passt dazu? Kreuze den richtigen an.

Wie gut kannst du zählen? Kreise die richtige Menge ein.

Was gehört zusammen? Verbinde die richtigen Paare.

Malen nach Zahlen. Male die Felder in den richtigen Farben aus.

Ran an die Farben! Male das Bild bunt aus.

$5 - 2 = \boxed{}$

$3 - 1 = \boxed{}$

$4 - 2 = \boxed{}$

Wie gut kannst du rechnen? Löse die Rechenaufgaben.

Fahre die gestrichelten Linien mit deinem Stift nach.

Wie gut kannst du zählen? Kreise die richtige Menge ein.

Was passt hier nicht dazu? Streiche die 3 falschen Gegenstände durch.

Verbinde die Zahlen der Reihe nach.

Kannst du den Weg durch das Labyrinth finden? Zeichne den Weg ein.

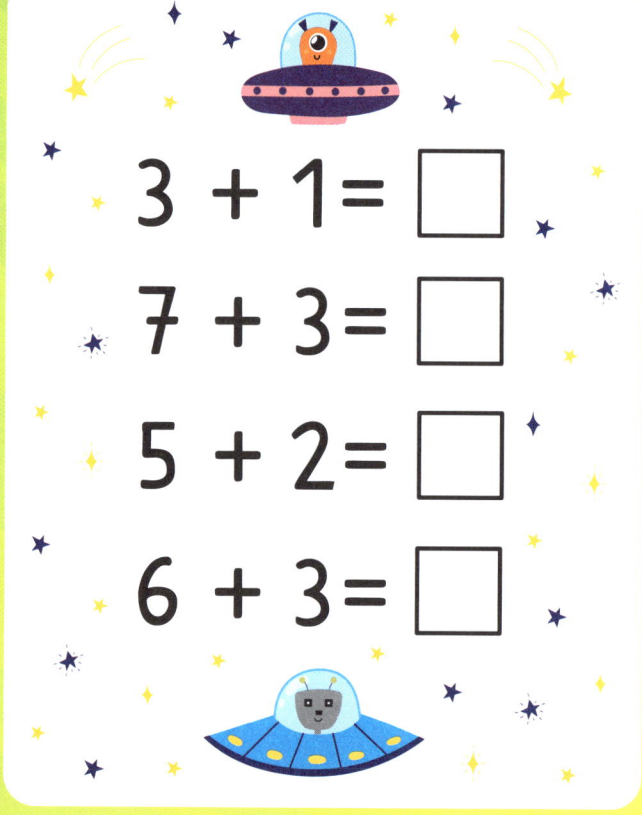

$3 + 1 =$ ☐

$7 + 3 =$ ☐

$5 + 2 =$ ☐

$6 + 3 =$ ☐

Wie gut kannst du rechnen? Löse die Rechenaufgaben.

Kannst du alle 10 Fehler finden? Unten kannst du ankreuzen, wie viele du schon gefunden hast.

10 Fehler ◯ ◯ ◯ ◯ ◯ ◯ ◯ ◯ ◯ ◯

Welcher Schatten passt dazu? Kreuze den richtigen an.

Wie viele Gegenstände siehst du? Kreise die richtige Zahl ein.

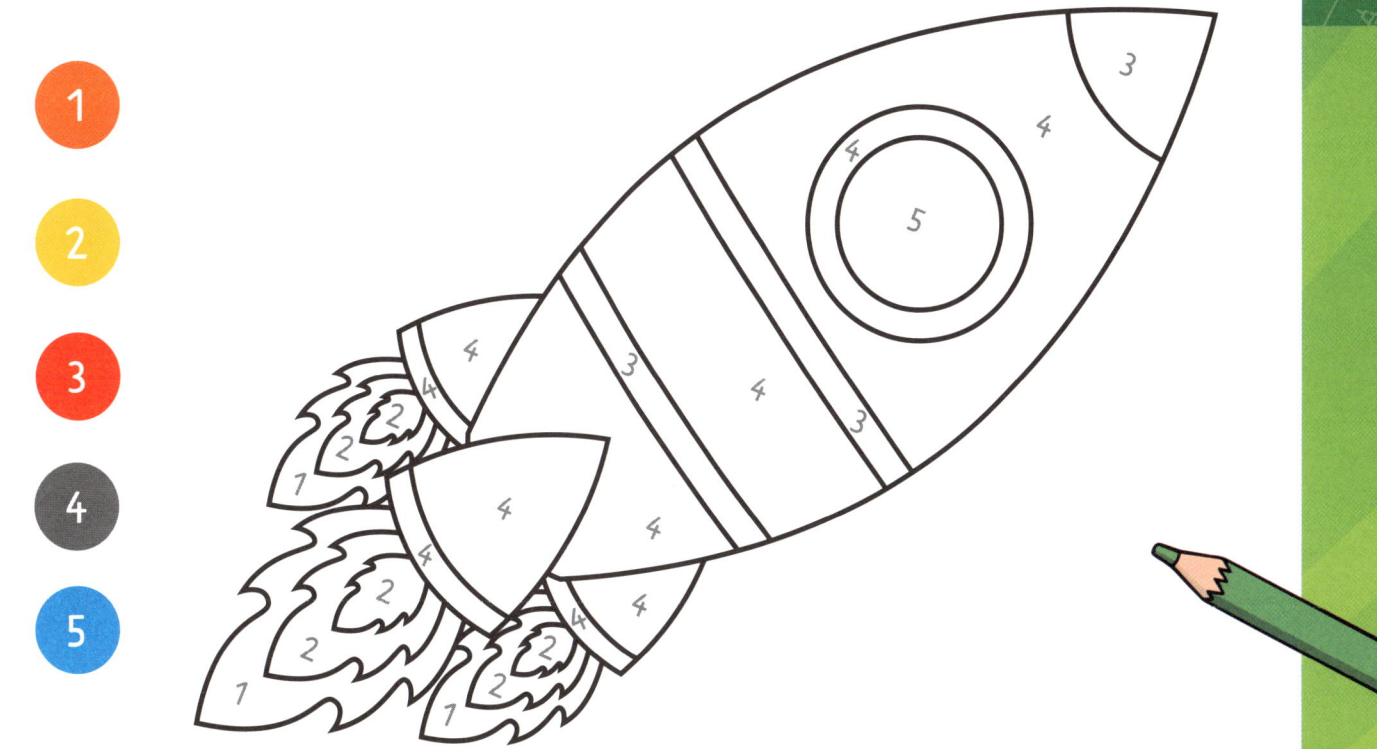

Malen nach Zahlen. Male die Felder in den richtigen Farben aus.

Wie geht es weiter? Vervollständige die Reihe in den richtigen Farben.

Fahre die gestrichelten Linien mit deinem Stift nach.

Was gehört zusammen? Verbinde die richtigen Paare.

Bringe den Osterhasen zu seinen Ostereiern. Zeichne den Weg ein.

Was passt hier nicht dazu? Streiche die 3 falschen Gegenstände durch.

Wie gut kannst du zählen? Kreise die richtige Menge ein.

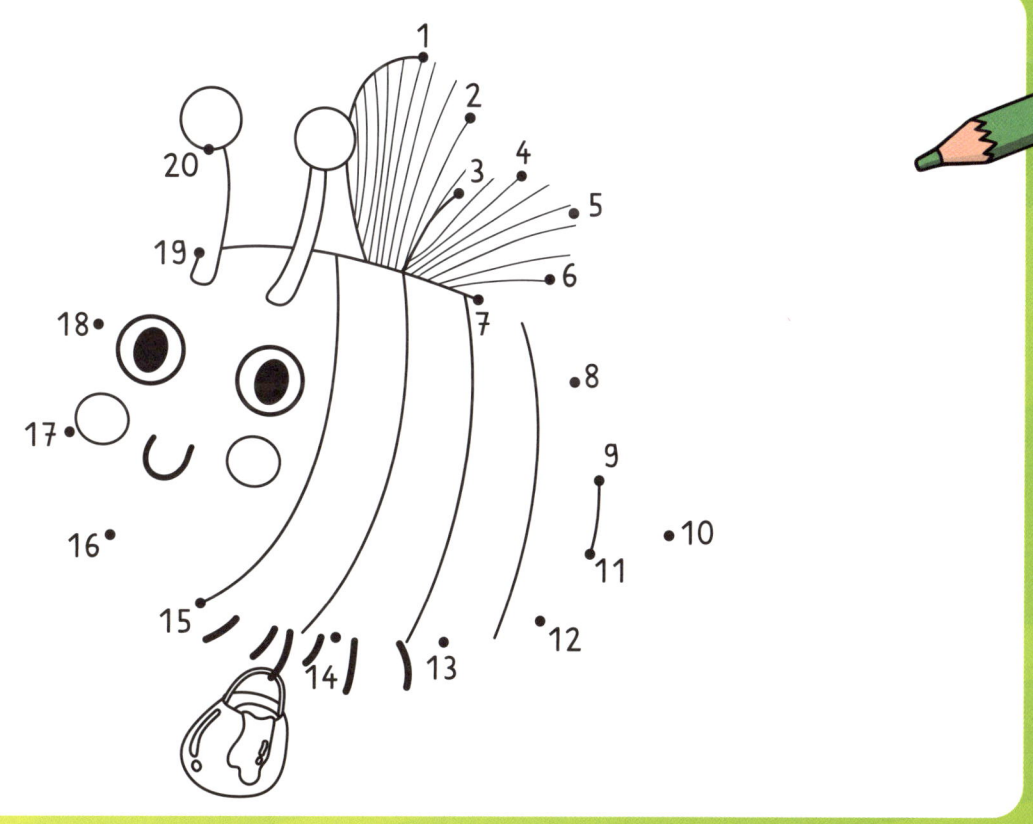

Verbinde die Zahlen der Reihe nach.

Kannst du alle 10 Fehler finden? Unten kannst du ankreuzen, wie viele du schon gefunden hast.

10 Fehler ◯ ◯ ◯ ◯ ◯ ◯ ◯ ◯ ◯ ◯

Fahre die gestrichelten Linien mit deinem Stift nach.

Kannst du den Weg in die Mitte finden? Zeichne den Weg ein.

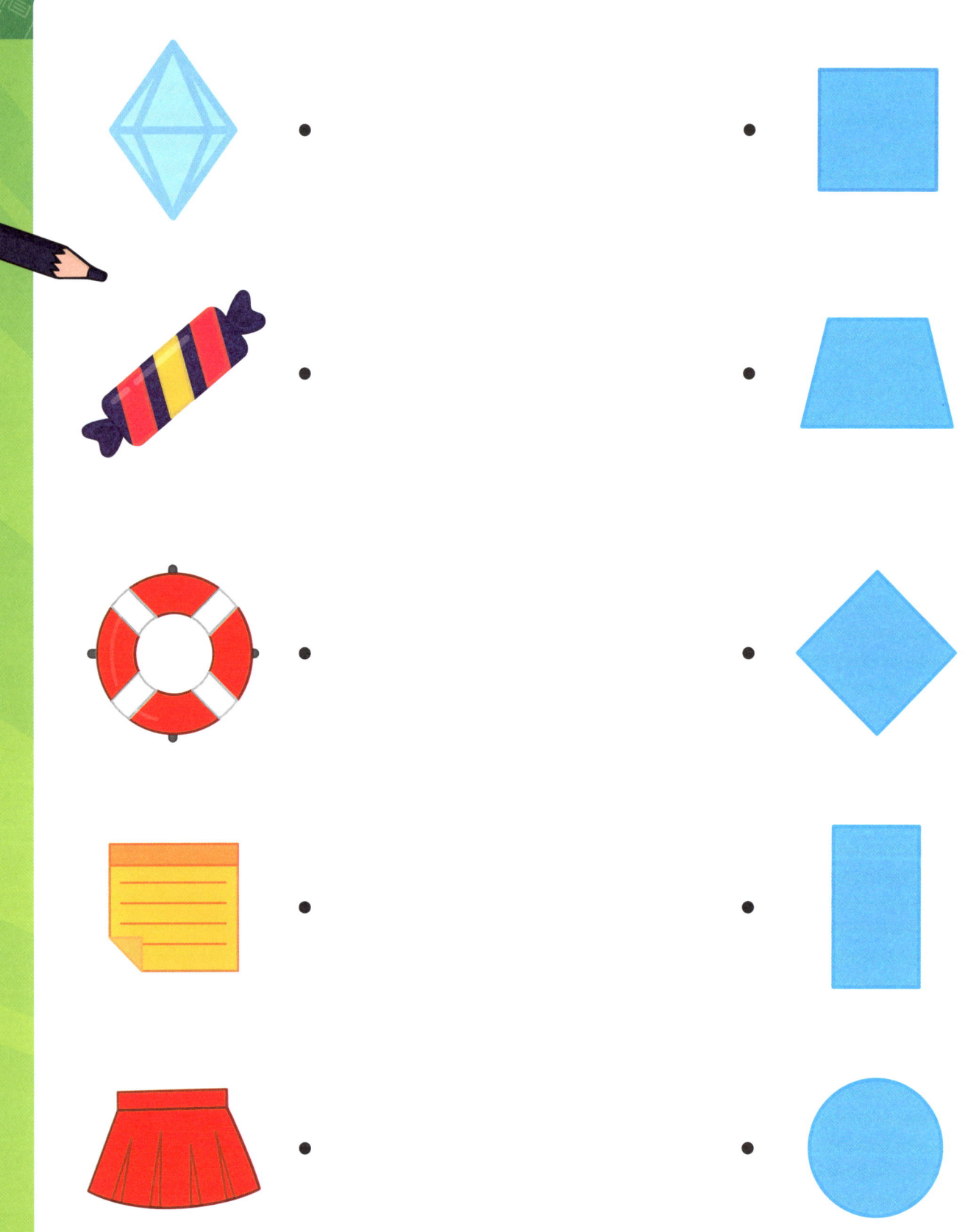

Was gehört zusammen? Verbinde die richtigen Paare.

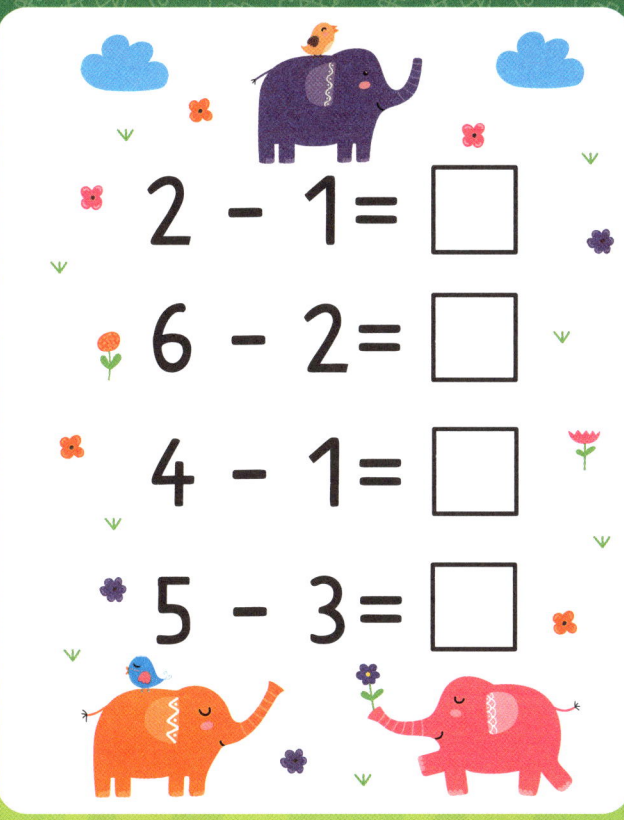

$2 - 1 =$ ☐

$6 - 2 =$ ☐

$4 - 1 =$ ☐

$5 - 3 =$ ☐

Wie gut kannst du rechnen? Löse die Rechenaufgaben.

Ran an die Farben! Male das Bild bunt aus.

Malen nach Zahlen. Male die Felder in den richtigen Farben aus.

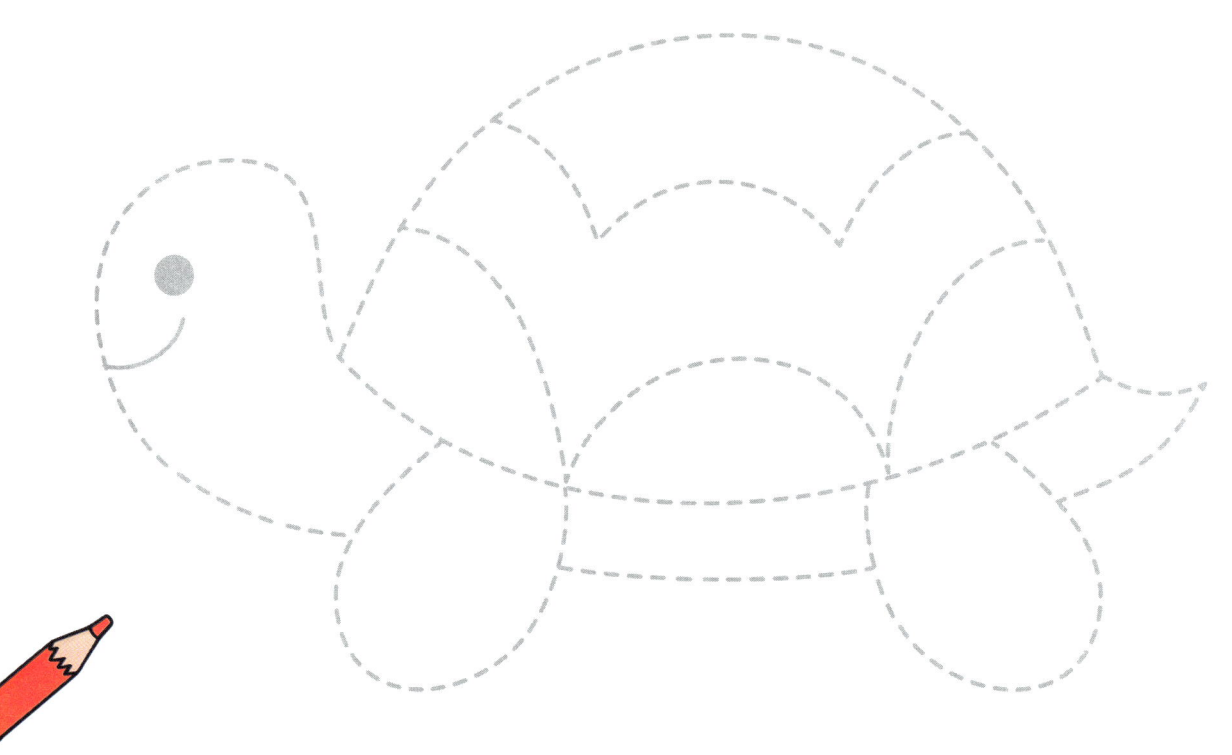

Fahre die gestrichelten Linien mit deinem Stift nach.

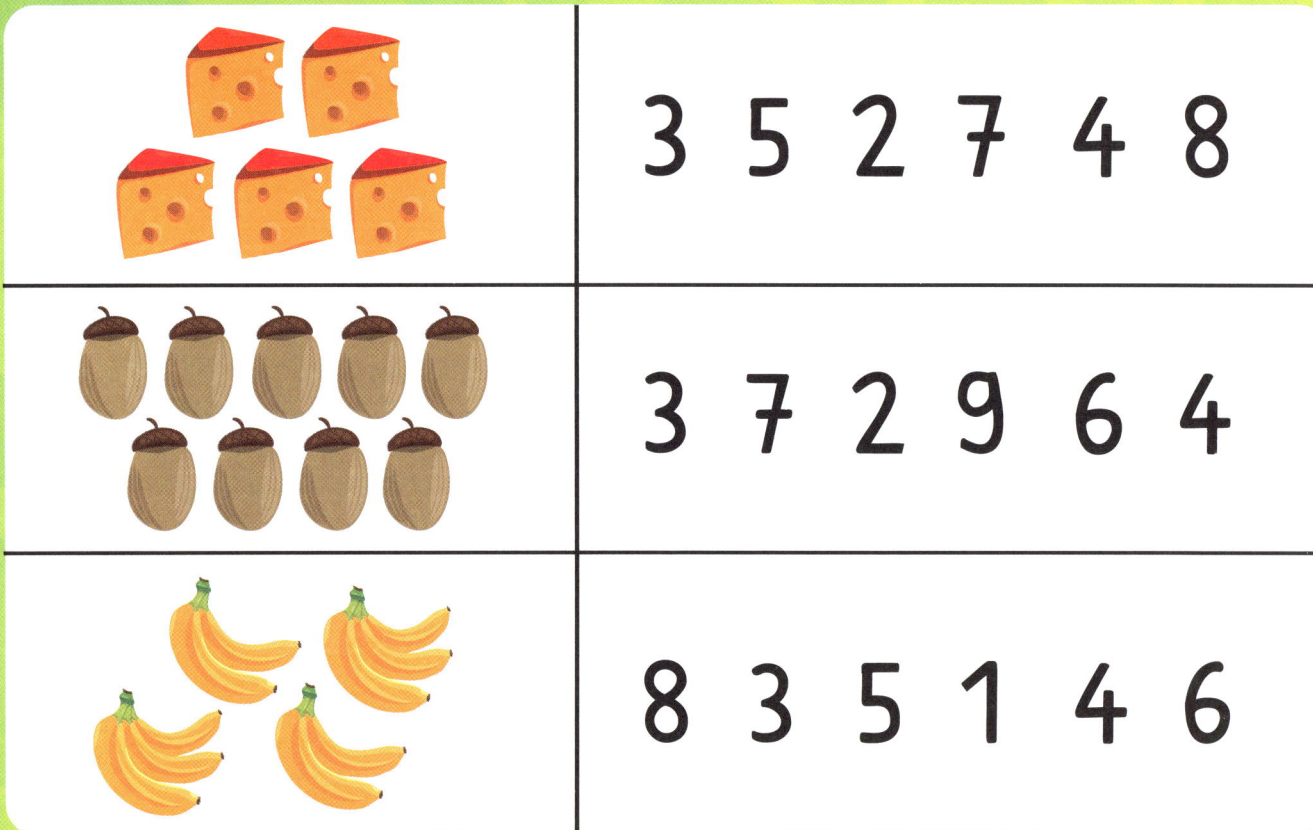

	3 5 2 7 4 8
	3 7 2 9 6 4
	8 3 5 1 4 6

Wie viele Lebensmittel siehst du? Kreise die richtige Zahl ein.

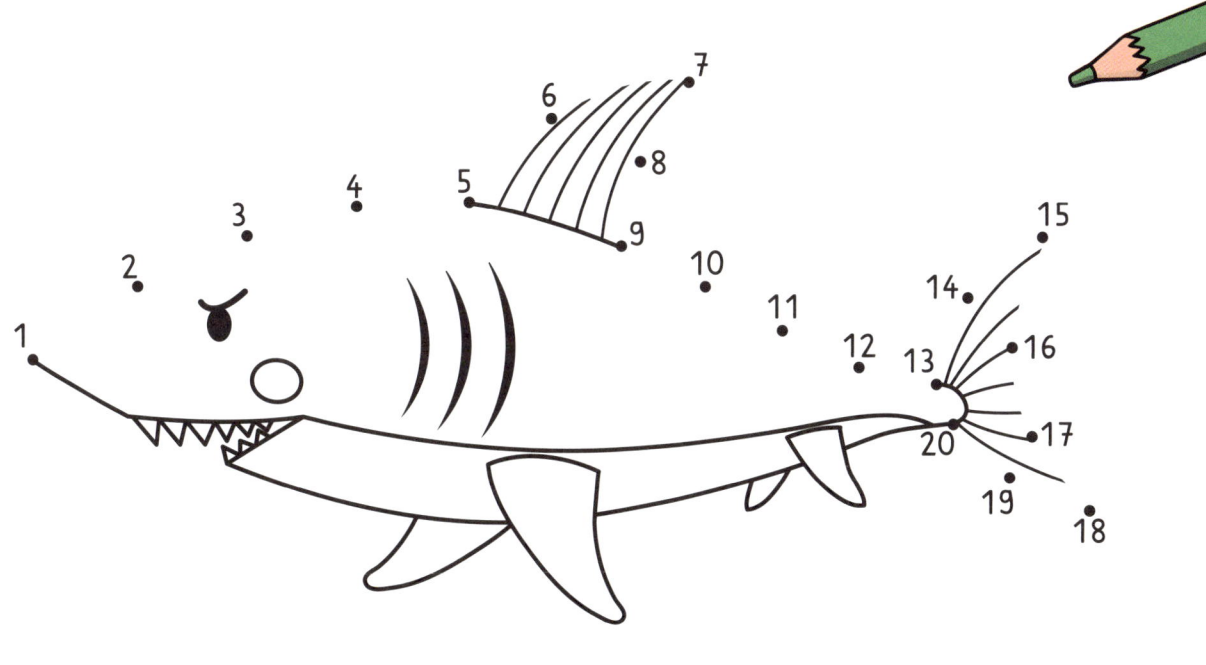

Verbinde die Zahlen der Reihe nach.

Was gehört zusammen? Verbinde die richtigen Paare.

Kannst du alle 10 Fehler finden? Unten kannst du ankreuzen, wie viele du schon gefunden hast.

10 Fehler ◯ ◯ ◯ ◯ ◯ ◯ ◯ ◯ ◯ ◯

Ran an die Farben! Male das Bild bunt aus.

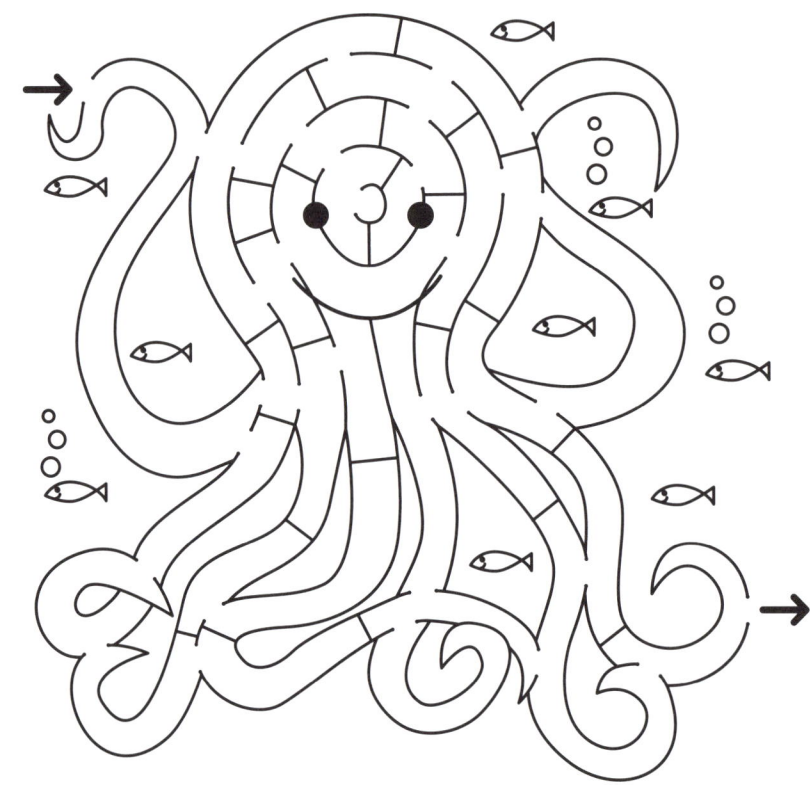

Kannst du den Weg durch das Labyrinth finden? Zeichne den Weg ein.

Fahre die gestrichelten Linien mit deinem Stift nach.

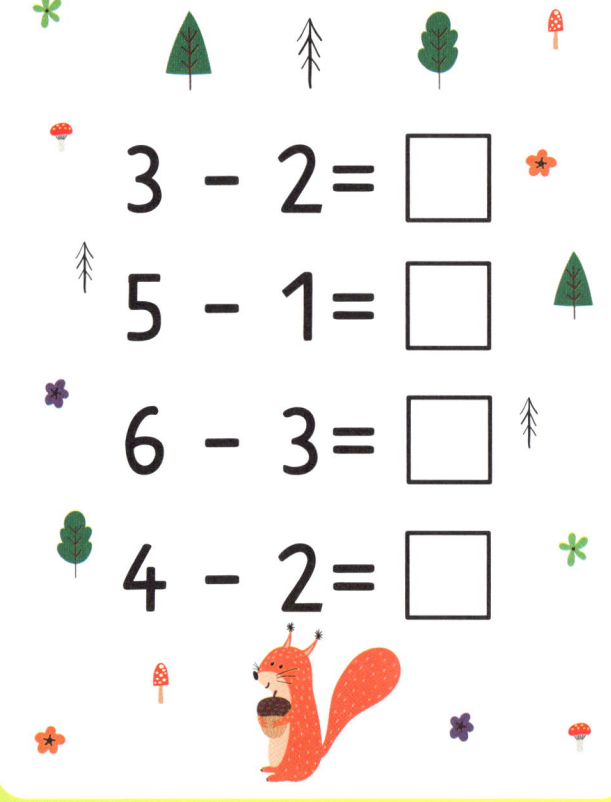

$3 - 2 = \square$

$5 - 1 = \square$

$6 - 3 = \square$

$4 - 2 = \square$

Wie gut kannst du rechnen? Löse die Rechenaufgaben.

Wie gut kannst du rechnen? Löse die Rechenaufgaben.

2

Wie gut kannst du zählen? Kreise die richtige Menge ein.

Was passt hier nicht dazu? Streiche die 3 falschen Gegenstände durch.

Malen nach Zahlen. Male die Felder in den richtigen Farben aus.

Wie geht es weiter? Vervollständige die Reihe in den richtigen Farben.

Kannst du den Weg durch das Labyrinth finden? Zeichne den Weg ein.

Vervollständige das Bild.

Was gehört zusammen? Verbinde die richtigen Paare.

Kannst du alle 10 Fehler finden? Unten kannst du ankreuzen, wie viele du schon gefunden hast.

10 Fehler ⚪ ⚪ ⚪ ⚪ ⚪ ⚪ ⚪ ⚪ ⚪ ⚪

Fahre die gestrichelten Linien mit deinem Stift nach.

$2 + 2 =$ ☐

$1 + 8 =$ ☐

$6 + 2 =$ ☐

$5 + 5 =$ ☐

Wie gut kannst du rechnen? Löse die
Rechenaufgaben.

Kannst du den Weg durch das Labyrinth
finden? Zeichne den Weg ein.

Ran an die Farben! Male das Bild bunt aus.

Welcher Schatten passt dazu? Kreuze den richtigen an.

	5 6 2 4 9 3
	9 6 4 8 1 3
	4 2 7 6 3 5

Wie viele Tiere siehst du? Kreise die richtige Zahl ein.

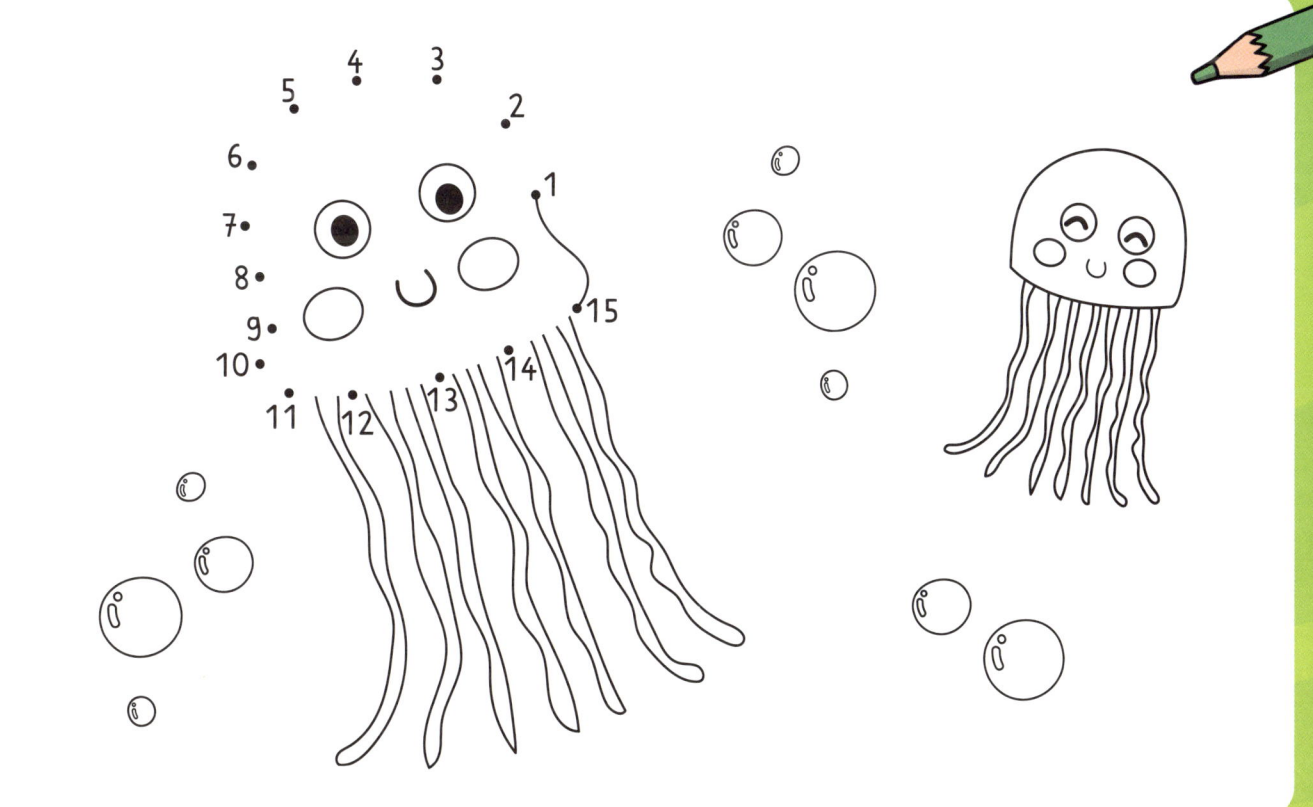

Verbinde die Zahlen der Reihe nach.

Bringe das Einhorn zu seinem Freund. Zeichne den richtigen Weg ein.

Wie gut kannst du zählen? Kreise die richtige Menge ein.

Verbinde die Zahlen der Reihe nach.

$5 - 4 =$ ☐

$7 - 3 =$ ☐

$3 - 1 =$ ☐

$8 - 2 =$ ☐

Wie gut kannst du rechnen? Löse die Rechenaufgaben.

Fahre die gestrichelten Linien mit deinem Stift nach.

Malen nach Zahlen. Male die Felder in den richtigen Farben aus.

Kannst du alle Fehler finden? Unten kannst du ankreuzen, wie viele du schon gefunden hast.

10 Fehler ◯ ◯ ◯ ◯ ◯ ◯ ◯ ◯ ◯ ◯

	2 5 1 8 3 6
	3 9 5 7 2 4
	5 7 1 9 6 4

Wie viele Gegenstände siehst du? Kreise die richtige Zahl ein.

Welcher Schatten passt dazu? Kreuze den richtigen an.

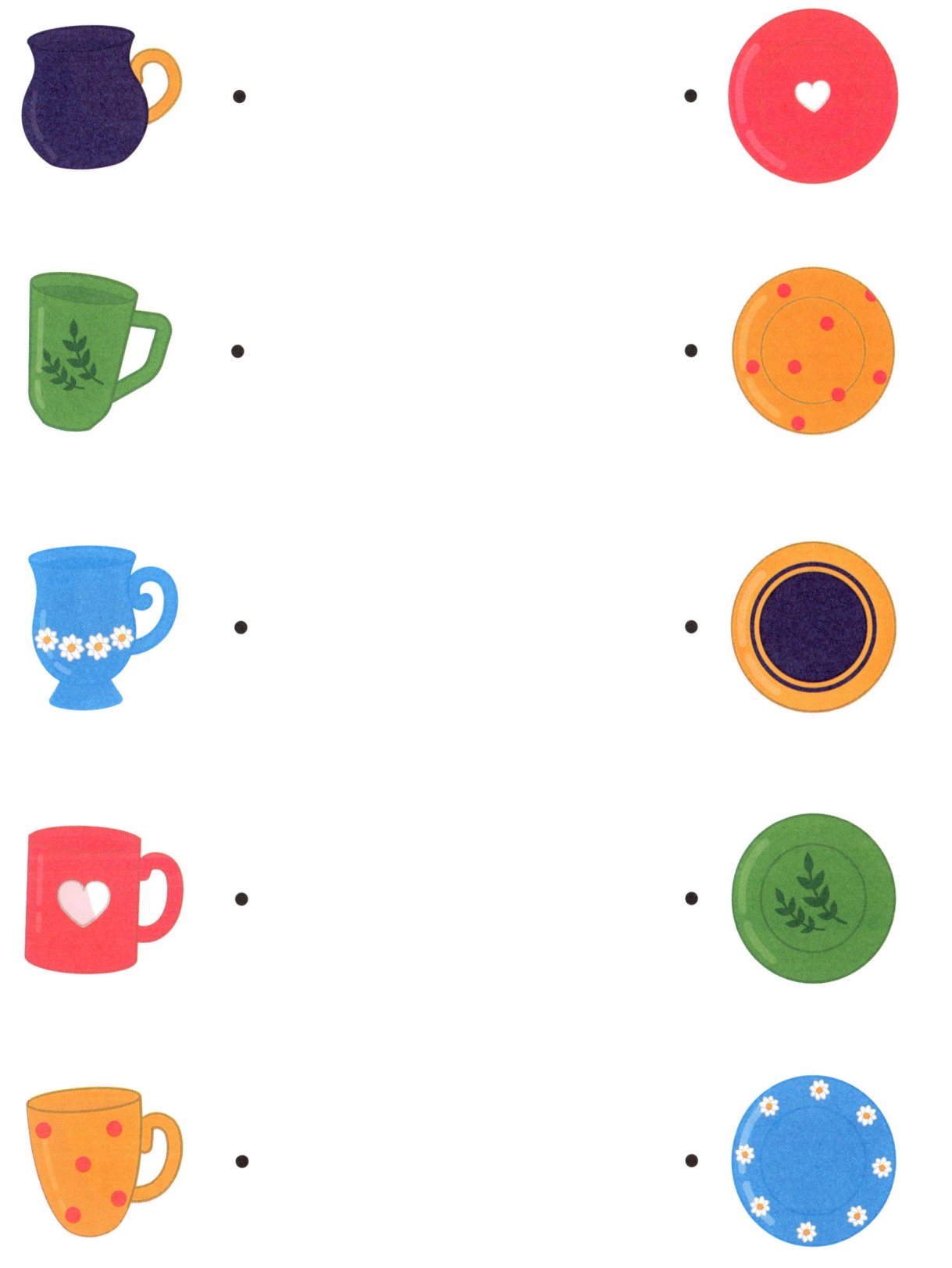

Was gehört zusammen? Verbinde die richtigen Paare.

Wie geht es weiter? Vervollständige die Reihe in den richtigen Farben.

Ran an die Farben! Male das Bild bunt aus.

Fahre die gestrichelten Linien mit deinem Stift nach.

Wie gut kannst du rechnen? Löse die Rechenaufgaben.

Was passt hier nicht dazu? Streiche die 3 falschen Gegenstände durch.

Kannst du alle Fehler finden? Unten kannst du ankreuzen, wie viele du schon gefunden hast.

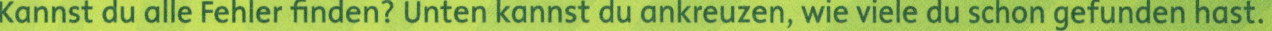

10 Fehler ◯ ◯ ◯ ◯ ◯ ◯ ◯ ◯ ◯ ◯

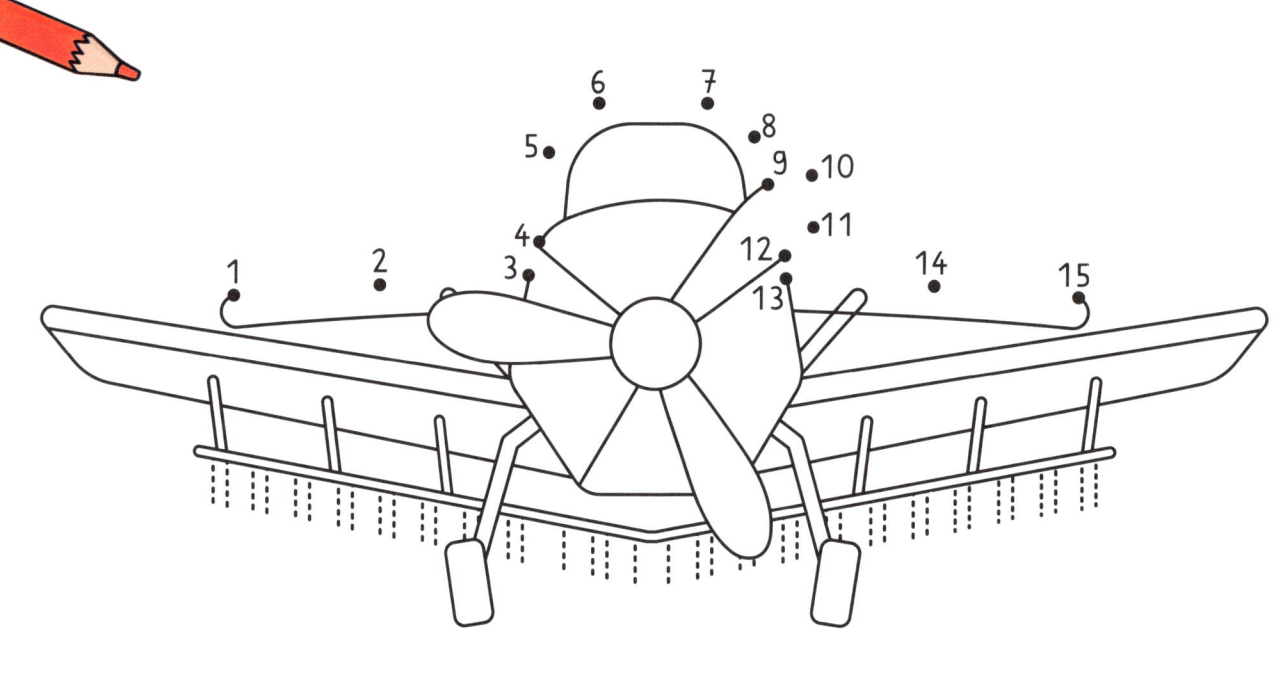

Verbinde die Zahlen der Reihe nach.

Was gehört zusammen? Verbinde die richtigen Paare.

Malen nach Zahlen. Male die Felder in den richtigen Farben aus.

5 7 2 6 9 4

6 5 8 2 1 9

4 1 3 6 7 2

Wie viele Tiere siehst du? Kreise die richtige Zahl ein.

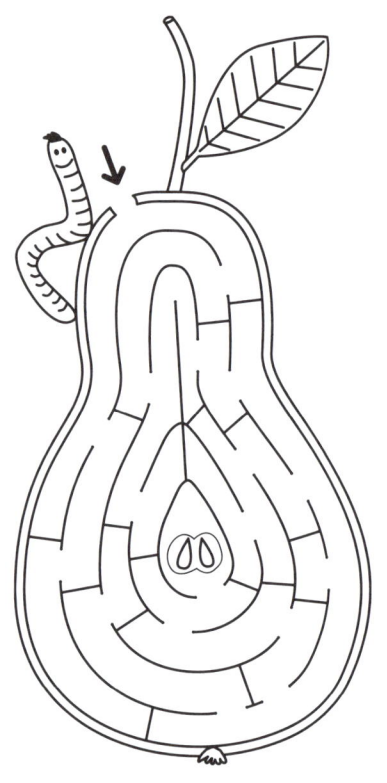

Kannst du den Weg in die Mitte finden?
Zeichne den Weg ein.

$5 + 3 =$ ☐

$2 + 3 =$ ☐

$4 + 4 =$ ☐

$1 + 6 =$ ☐

Wie gut kannst du rechnen? Löse die
Rechenaufgaben.

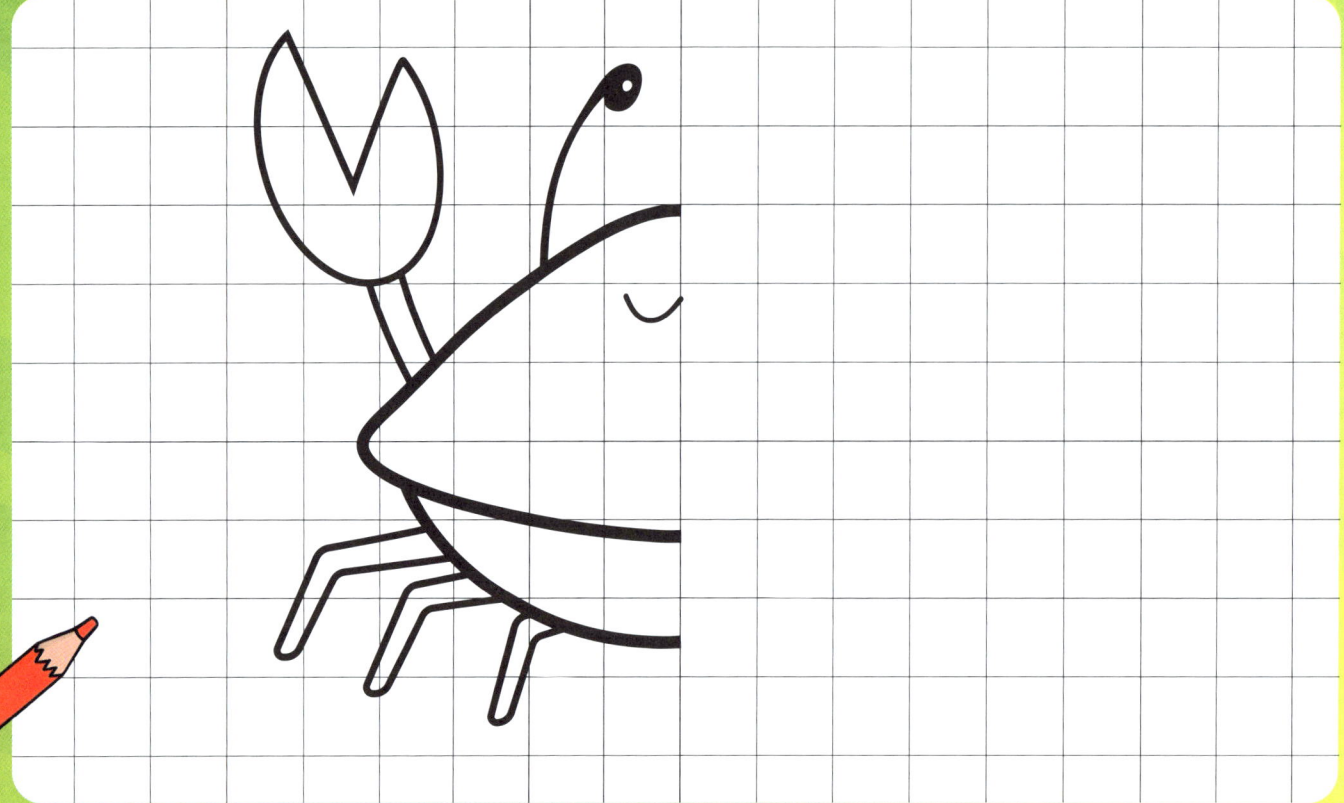

Vervollständige das Bild.

Ran an die Farben! Male das Bild bunt aus.

Fahre die gestrichelten Linien mit deinem Stift nach.

Wie gut kannst du rechnen? Löse die Rechenaufgaben.

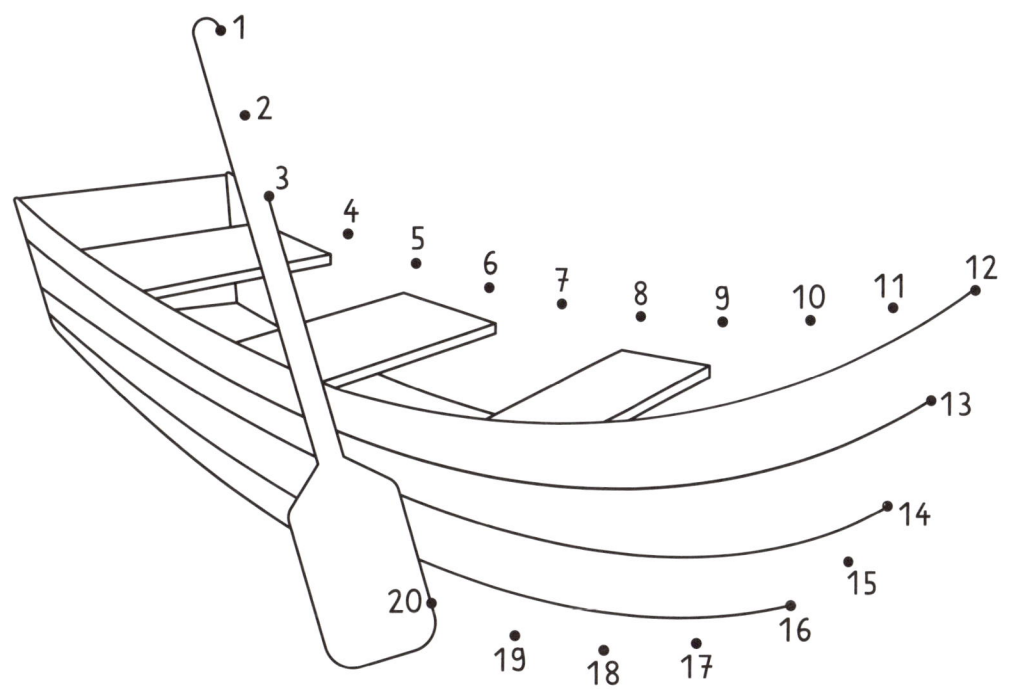

Verbinde die Zahlen der Reihe nach.

Welcher Schatten passt dazu? Kreuze den richtigen an.

Kannst du alle 10 Fehler finden? Unten kannst du ankreuzen, wie viele du schon gefunden hast.

10 Fehler ◯ ◯ ◯ ◯ ◯ ◯ ◯ ◯ ◯ ◯

Was gehört zusammen? Verbinde die richtigen Paare.

Wie viele Tiere siehst du? Kreise die richtige Zahl ein.

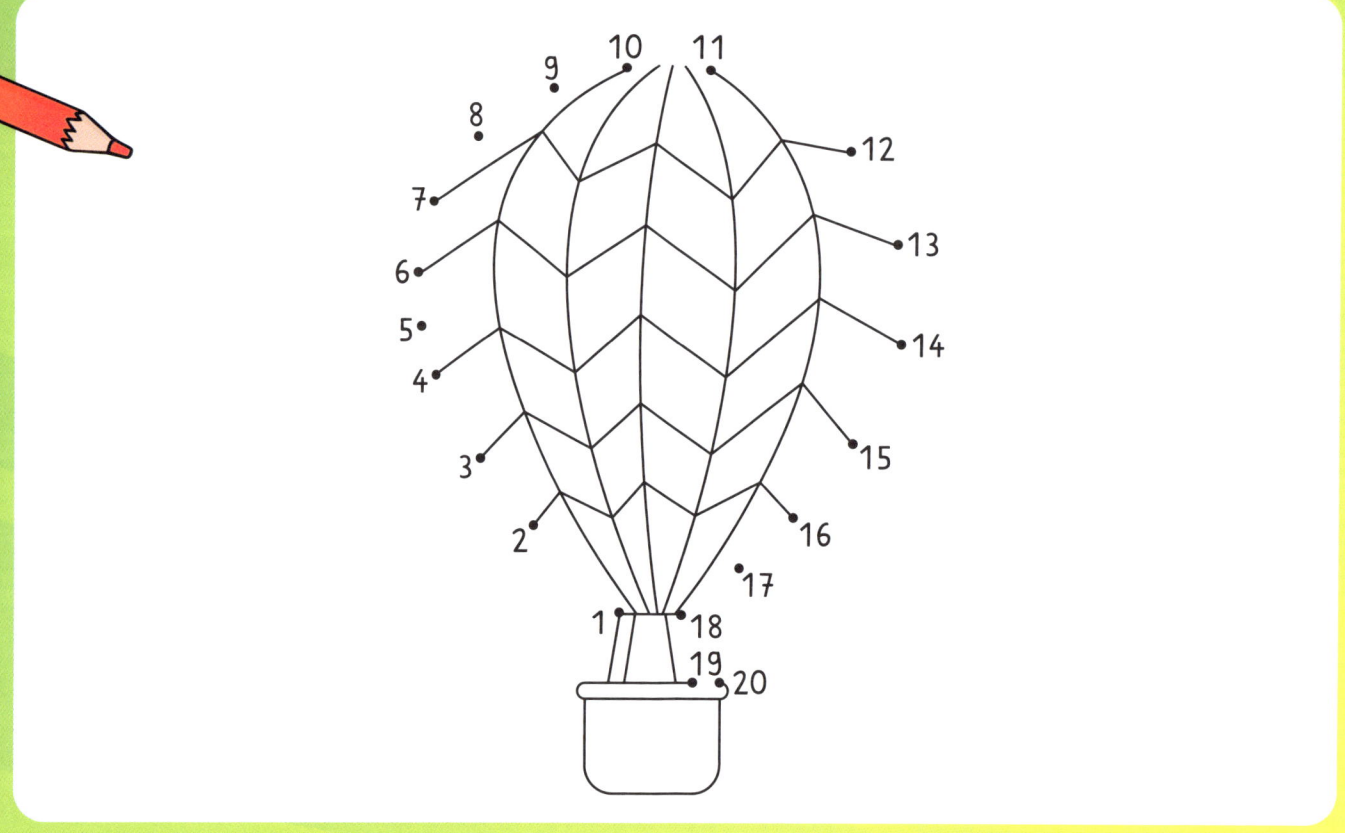

Verbinde die Zahlen der Reihe nach.

Malen nach Zahlen. Male die Felder in den richtigen Farben aus.

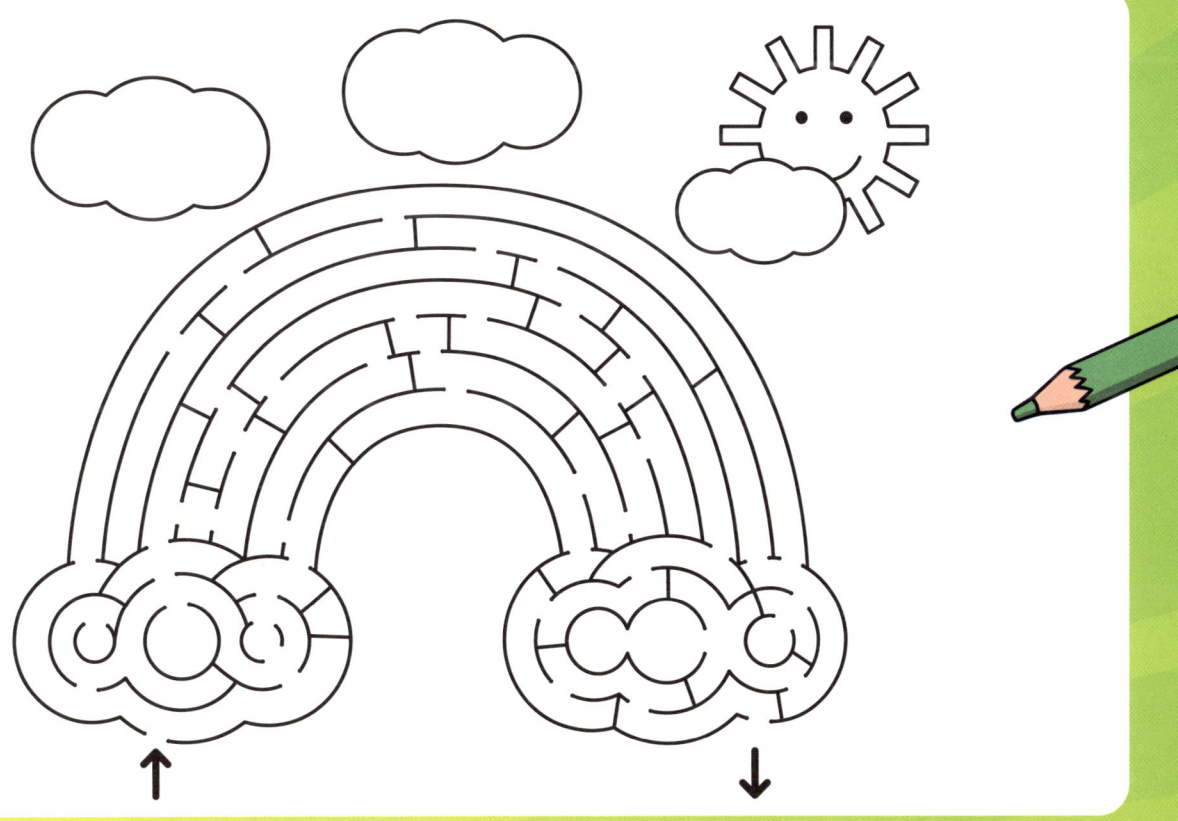

Kannst du den Weg durch das Labyrinth finden? Zeichne den Weg ein.

Welches Ufo gehört zu welchem Planeten?

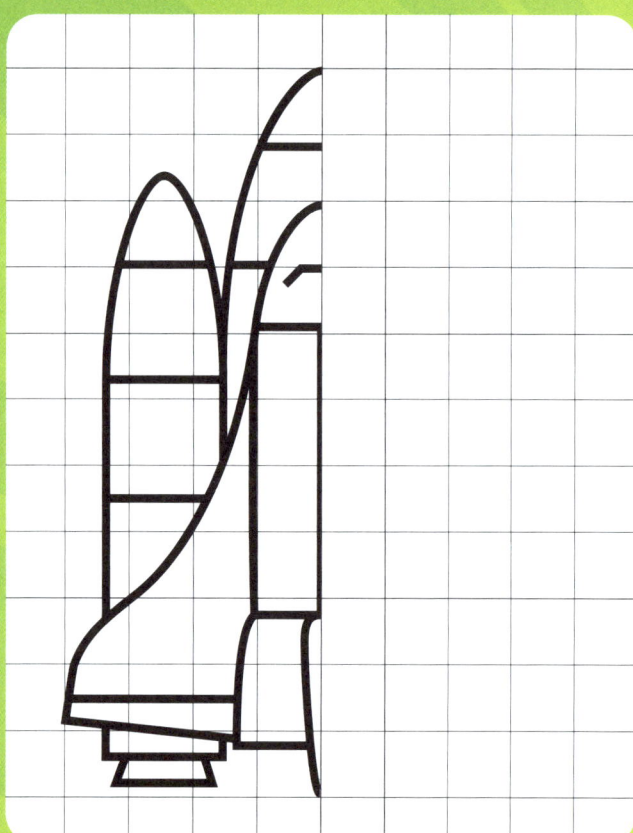

Vervollständige das Bild.

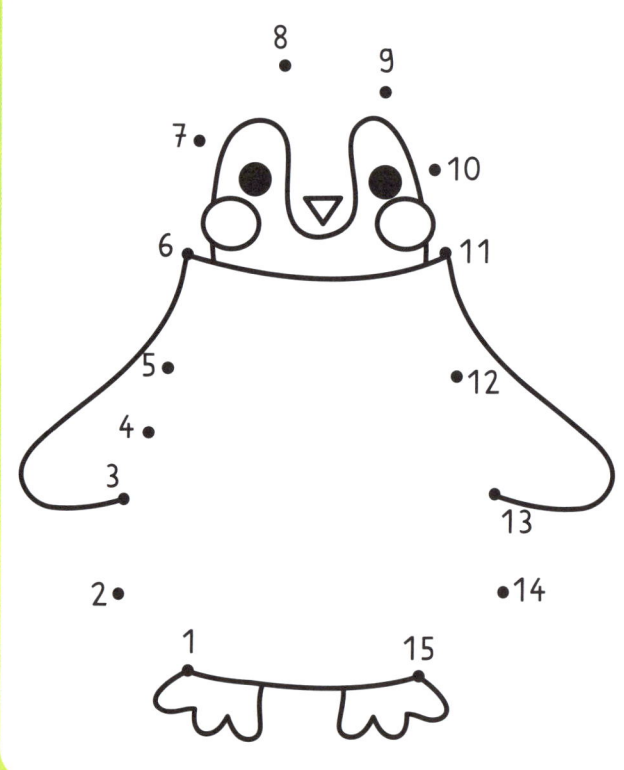

Verbinde die Zahlen der Reihe nach.

Wie geht es weiter? Vervollständige die Reihe in den richtigen Farben.

Welcher Schatten passt dazu? Kreuze den richtigen an.

Wie gut kannst du rechnen? Löse die Rechenaufgaben.

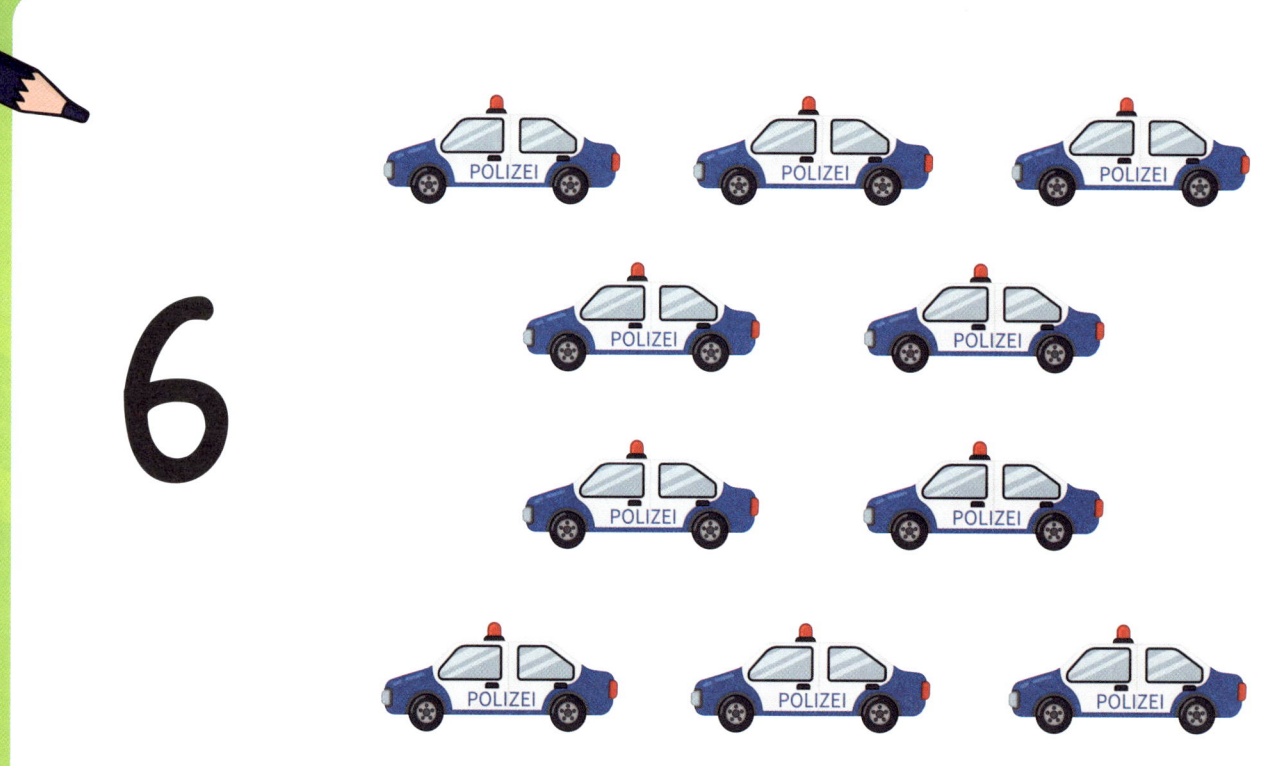

Wie gut kannst du zählen? Kreise die richtige Menge ein.

 •   •

 •   •

 •   •

 •   •

Was gehört zusammen? Verbinde die richtigen Paare.

Welcher Schatten passt dazu? Kreuze den richtigen an.

Verbinde die Zahlen der Reihe nach.

Der Astronaut möchte zurück in die Rakete. Welcher Weg ist der richtige? Weg 1, 2 oder 3?

Fahre die gestrichelten Linien mit deinem Stift nach.

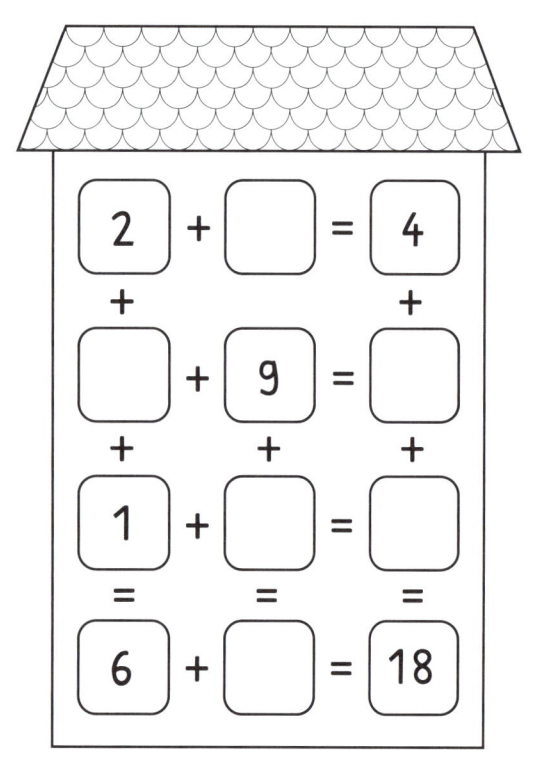

$$2 + \boxed{} = 4$$
$$+ \quad\quad +$$
$$\boxed{} + 9 = \boxed{}$$
$$+ \quad + \quad +$$
$$1 + \boxed{} = \boxed{}$$
$$= \quad = \quad =$$
$$6 + \boxed{} = 18$$

Wie gut kannst du rechnen? Löse die Rechenaufgaben.

Ran an die Farben! Male das Bild bunt aus.

Kannst du alle 10 Fehler finden? Unten kannst du ankreuzen, wie viele du schon gefunden hast.

10 Fehler ⚪ ⚪ ⚪ ⚪ ⚪ ⚪ ⚪ ⚪ ⚪ ⚪

© 2022 design cat GmbH

Genehmigte Lizenzausgabe
NEUER FAVORIT VERLAG GmbH
Industriestraße 19
64407 Fränkisch-Crumbach 2022
www.neuer-favorit-verlag.de

Idee und Projektleitung: Sonja Sammüller
Layout, Satz und Umschlaggestaltung:
design cat GmbH

ISBN 978-3-8494-5053-3

Bildnachweis: Shutterstock: ace03 13, 20, 35, 42, 51, 58, 62, 65, 80, 87; Alka5051 Cover, 27, 47, 68, 93; Bhonard 39, 57, 66, 74; blackberry-jelly 13; Bykodorova Katerina 11, 21, h28, 37; Daria Chupinina 14, 30; Darth_Vector 15, 23; Ekaterina I 28; EkaterinaP 5, 45, 61, 74, 89; Elena Sazanova 24; Gretta_me 62, 88; Igdeeva Alena Cover, 2, 3, 13, 20, 25, 26, 32, 38, 46, 52, 63, 73, 80, 90, 91; Igor Zakowski Cover, 7, 9, 16, 33, 44, 54, 67, 72, 79, 86; JosepPerianes 18, 41, 48, 60, 76; jsabirova 15, 23, 28, 35. 42, 53, 58, 65, 70, 80, 88; Kid_Games_Catalog Cover, 6, 89; kos911 25; Kristina Rudkevica Cover, 2, 8, 19, 33, 38, 45, 53, 61, 70, 79, 87; Ksenya Savva 21; ksuklein 11, 39, 59, 75, 82, 90; Leh 12, 44; Lexi Claus 17, 31, 43, 50, 56, 71, 77, 84, 95; matsabe 6; mialapi 2-95; Milya Shaykh Cover, 4, 5, 8, 15, 34, 37, 40, 49, 55, 59, 66, 69, 72, 78, 83, 85, 92; Nahhana 13, 20, 35, 42, 51, 58, 62, 65, 80, 87; natchapohn Cover, 3, 16, 29, 32, 42, 49, 55, 67, 69, 78, 83, 86, 88, 92; Oleon17 10, 36; ratselmeister 64; redchocolate 24; Sandy Storm 4, 21, 94; stockakia 7; tetiva Cover, 4, 19, 26, 29, 35, 40, 46, 51, 54, 58, 65, 70, 75, 82, 94; trialhuni Cover, 2; uatari 23; Uwa 94; ya_mayka 22, 81